JN409104

청나비

청나비

김 대 근 다섯 번째 시집

해 암

| 시인의 말 |

다섯 번째 시집 '청나비' 를 내면서
부끄러운 마음이 앞선다.
시를 잡고 시와 더불어 살아온 한평생,
머리와 눈썹은 흰빛을 띠고
가슴에 뛰는 맥박은 실내음이 나지만
마음만은 자꾸 하늘 높게 날고 싶다.
시의 꿈은
내 마음을 부드럽게 안아보며
샛노란 희망이 줄줄이 영글어
빛나는 시가 되길 기원한다.

2015년 초하의 문턱, 불모산에서

시인 김 대 근

| 차례 |

1_ 청나비

2_ 바람결에 밀려오는

3_ 파란 추억

4_ 내 마음 시

5_ 불모산

1

청나비

청개구리가 우는 날

청개구리가 우는 날
실버들 가지에서 노랭이 나비가
옷매무시를 다듬고
봄기운에 가슴 설레인 메기는
가느다란 수염을
굽이지는 물결에 몸을 씻는다

여운이 흘러간 자리마다
송사리는
추억의 자리매김이
허한 마음에 눈물방울을 머금고
어제 놀던 메기 생각에
눈가에 이슬이 고이네

하얀 생각
파란 생각
여울물 지는 냇가에서
고운 햇빛 머금고 흘러가네.

청나비

아기 청나비
보드라운 손
가만히 만져보면
따스한 온기가 사랑이 되어
가슴에 밀려온다오

새로운 움이
수없이 혈맥을 분출하면서
따스한 사랑을 하늘 별자리로 옮기네

장미 정원에
꽃술의 노래가 새롭게 달구질하는
청아한 울음소리
아름다운 청나비 되어
청산으로 가고 있네.

한 그루 미루나무

나는 한 그루 미루나무 되어
저 멀리 멀리 보리

이 세상
어디쯤 실낙원이 있을까

그 세상
베개 베고 살고 지고
누리에 퍼지는 황달구지 햇살은
먼동이 트는 아침 햇살이나
황혼빛이 서러지는 세상의 꿈
모두 모두
이 가슴에 맴돌며
이상향의 자리

내 언제
미루나무 되어
만생의 꿈을 미리내에서 꾸어 보리.

미랭시

사람은
이 세상에 태어나
자라고 커
사회의 한 구성원이 되느라

잘난 사람은 잘난 대로
못난 사람은 못난 대로
이 세상을 지키며 살아가는 우리

홍안의 시절이 지나
*미랭시가 될 때
우리는 무엇을 하였고
어떤 것을 남겼는지 뒤돌아볼 때
한 점 부끄러움 없는 사람이 몇이나 될까
그리고 자기의 일이 영광스럽고
자랑스러운 일이 얼마나 될까
우리는 미량 어염으로 살아가자.

*미랭시 : 아주 늙어서 사람 구실을 못하는 사람

무빙의 풀잎

새벽 하늘이 열리는 자리에
*무빙은 풀잎에서 진주알을 품고
노고지리는 청아하게 울고 있네

시냇물 흐르는 곳에
하늘 구름 내려앉고
푸른 꿈 키워가는 버들강아지
송사리와 입 맞추네

이 산 저 산에서
울어 예는 노고지리 연가
내 마음 그들 따라
고갯마루 정자나무 잎에서 무빙이 되네.

*무빙 : 안개가 나뭇가지에 엉기어 이룬 불투명한 얼음의 층

나의 삶

나는 이 세상을 살면서
희로애락을 억만금 먹고 살아왔다
그것이
이 몸 구석구석을 맴돌다
어디론가 먼 곳으로 여행을 가버린다

오래도록
삶에 동화되어 잊을 듯 말 듯한 기억이
내 핏돌에서 숨을 몰아 쉴 때마다
한편의 마음자리에
짓눌리게 하고 금방이라도 나래를 펴고
춤을 추고 한바탕 굿이라도 할 것 같아
숨 가쁘게 내 생활이 변해버린다

몸과 마음이 주눅이 들어
쓰러져 버릴 것 같은 무기력에 잠겨
먼 산을 바라보며 눈을 감는다.

내가 선 곳

내가 선 곳이 어디메일까
하얀 머리
하얀 눈썹을 이고
오늘도 저벅저벅 살아가는
실없는 삶
먼빛을 헤아리며 민들레미 씨앗같이
바람이 불면 바람이 부는 대로
산야로 흩어지는 갈무리야

이젠
남은 여생
어떤 보람으로 살아갈까
어린 시절 청호동 꿈은 구름 따라 가버리고
무딘 숨소리만 귓전에 맴돌구려

허허로운 삶 속에
내 생이 동화처럼 가버리고
하얗게 핀 들국화를 바라보며
자연의 섭리 대로 살아보자.

먹장구름

먹장구름이
저 산허리를 돌아
먼 여행길에 오르고
서산 햇살이
해오라기 깃에 매달려
꿈의 나라로 가네

오늘도
가슴 조이며 별을 헤다가
먹장구름 속에 갇혀 버리면
멍하니 하늘 바람을 기다리네

옥이야
순이야
네들과 같이 뛰놀던
그날 우리들의 파란 꿈은
이젠 내 가슴에 잠자는 한울의 추억
오늘도 먹장구름 되어
저 푸른 산 푸른 들로 가보자.

한 색깔

연두색 잎새가
산허리로 감돌아 돌 때
철쭉새 우는 소리 정답기도 하네

푸른 하늘 따라
올라가는 연두색 잎새는
천왕봉 자리에서 남녘 바람과 놀고
잔무리 지는 능선에선
종달이가 놀고 있네

지나온 즐거운 날들
저렇게 곱게 피고 지는데
연무 따라 가는 우리들의 꿈
여름 뙤약볕에 노랗게 된 씬냉이 꽃
언덕바지에서 뽐내며 웃고 있네
흰나비 한 쌍 춤추며 씬냉이 꽃과 입 맞추네.

파리한 꿈

풀잎은
파리한 꿈을 품고
들판에서 한들 바람을 안고
오늘도 연두색 꽃잎과
소꿉장난을 하고 있네

내일을 향한
부푼 날들의 추억을
옷 속에 감추고
피리여 피리여
내 가슴이 젖도록 울어다오

산허리로 돌아가는
실빛 구름 나그네
애마의 종소리를 내며
하늘 하늘
이 마음 흔들어 놓고 가지를 마오.

푸른 잎새

푸르른 잎새 사이에
파란 하늘 걸려 있네
지난밤 울던 자규는
어디메서 잠을 자고 있을까

서러웁게 살아온
지난날도
그리운 마음 달랠 길 없어
먼 산 바라보며 눈물 적시네

우리가 쓴 하얀 고깔모자
외줄박이 꿈을 담고
청노루 따라 가는 나그네
먼 산에 구름 안고 잘도 가고 있네.

한 알의 씨앗

사람들이
가고 오고
부드러운 한 알의 씨앗이
또박또박 발자국을 남기며
뱃고동에 내 가슴 흔들고
뭉게구름 피어나는 돌산 산허리에
아직도 안개비 남아
아름다운 풍경을 우리들 가슴에 매달아두네

구름자락에
여수의 엑스포를 묻고 또 묻고
은빛 비엔날레
우리들 가슴에 채우네

아해야
아해야
우리들의 꿈과 희망이 여기, 여기
여수엑스포에 매달고
저 하늘을 날으는
백조의 날개에 부쳐
먼 나라로 가게 하자.

흐름의 세월

흐름의 세월이
고왔던 얼굴은 무늬진 선들만 웃고 있네

산야를 뛰놀던
팔다리는 흐느적거리는 갈대 숲
입방아는 쫑긋쫑긋 종다리만 울고 있네

한 줄기 햇빛 내려앉는
보얀 언덕길에
달구지 끌고 가는 할아버지
무거운 발자국만 남기고 가네

지나온 발자취에
내 생명 바라보며
별무리 지는 하늘 바라보며
듬뿍이 노래하네.

그곳에 가고 싶다

하늘을 바라보면서
내 마음은
저 뜬구름처럼 어디론가 가고 싶다

하늘을 한 움큼 쥐고
진한 푸른빛을
방울방울 떨어뜨리며
황혼이 물든 서산 자락에서
잠깐 쉬어 가고 싶다

가슴속에
한 올 한 올 커가는
동경의 나라
그 나라엔 파란 마음이
가득히 가득히 도사리고 있다오.

사랑 이야기

사랑 이야기에 젖어
망각의 세월을
저 건너 정자나무에 걸어두고
하얀 이빨 내밀고
파리한 모습 쉼터에 쉬게
영혼의 꽃을 피워나 볼까

고동치는 영의 울음이
건너편 아리수 샘에서 쉬게 하고
젖무덤을 향해가는 백혼을
기도하는 마음으로 살아나 볼까.

하늘 한 조각

상수리나무 가지에
걸려있는 하늘 한 조각
그걸 뛰어다 가슴에 품고
그리운 사람 찾아가
푸른 마음 하얀 마음 건네나 볼까.

너울아 오너라

너울아 오너라
센 물결은 태평양 섬에 가두고
잔나비처럼 천천히
하얀 너울 너만 오너라

새우등을 타고 오던
가마우지 날개에 매달려 오던
내 알 바 아니고
너울 너만 오면 된다

이 가슴 부푼 한 올의 실오라기처럼
메기 침을 토할 때
새파란 물결 속에 먼동이 트는
아침 햇살을 안고
너울 너만 오너라.

하루

나는 마천경로당에 자주 간다
마을버스를 타고 갈 때도 있고 주로 걸어서 간다
집에서 약30분 거리이다
조용한 마을, 산수 좋은 이곳에서 들길을 걸으며,
아름다운 단풍을 보고,
논밭에 싱싱하게 자라나는 마늘 양파를 보며
과거 현재 미래를 생각하는 버릇이 있다
과거를 생각하면 나는 무엇을 하고 살아왔는지
내세울 것 없고 현재를 생각하니
내가 무엇을 하고 있는지 알 수 없고,
미래를 생각하니 앞이 어두울 뿐이다
사람으로 태어나 무엇인가 하고 살아야 되는데
무엇인가를 그 속에서 찾고 헤매다
칠칠을 바라보는 나이가 되었다
마천경로당에는
할아버지 할머니를 위한 무료 급식소가 있다
점심 시간이 되면 웅동에 살고 있는 할아버지 할머니들
이 점심을 먹기 위해 아침밥을 먹고 나오는지
먹지 않고 나오는지 알 수 없으나 줄지어 서 있다

나는 2층 남자 경로당에서 조선일보를 보고
배식시간이 되면 아래층으로 내려가
점심을 먹고 세상 이야기를 듣고 집으로 돌아온다
마천경로당에 갈 때는
약간 경사가 져 쉽게 내려갈 수 있어 쉬운데
집으로 올 땐 오르막길이라 약간 힘이 든다.
젊은 나이 때는 별로 느낌 없이 올라왔다만
요즘은 힘이 부친다
이렇게 세월을 보내면서 시상이 떠오르면
시를 주워 담고 이 용지에다 시를 적어보는 일과이다
그러면 미래는 어떨까
머지 아니해서 지현이 따라 하늘나라에 가겠지
그곳은 가기 전에 나는 건강하게 살다가
하늘나라로 가야 하고 남은 여생 동안
남에게 사랑을 베풀 수 있게 해 달라고
하나님에게 기도한다.

순이야

순이야
*반두개미 놀자
넌 내 각시 되고
난 네 신랑 되고

따스한 언덕배기 아래
조개껍질 모아놓고
집 만들고 방 만들어
너와 나 자고 깨고

넌
부엌에서 밥 짓고
난 마당에서 마당 쓸고
오손도손 살아가는
반두개미 놀자

손발 터져 피물 진데도
하얀 속살 내밀며

허벅지 꼬일 때도
추억의 샘물이 흘러나 보자.

---

*반두개미 : 소꿉놀이

돌아보는 길

돌아보고 오는 길
어제 왔던 길
외줄기 타고 온 무지개 길

언제나 그리움에 묻혀 온 길
아쉬움만 가슴 채우며
흘러간 그 길

아롱진 눈망울 그 길에 엉켜 있어
한 송이 두 송이 피어있는 들국화 길
가슴 메워주는 흐느끼는 길.

2

바람결에 밀려오는

꿈의 낙원

산이 좋아 산에 사노라면
흔들바위 아래 짚새기 신은
다람쥐가 꽃바구니를 입에 물고
오솔길 느티나무 아래에서 재롱을 부린다

맑은 물 구슬 구르는 달빛 아래
실뱀장어는 송사리 보고
아름다운 세상 이야기를
지느러미에 차곡차곡 쌓아올린다

산이 좋아
산새 되어 이골 저골 가며 오고
너름나무 가지마다 새하얀 새알 품고
물 좋은 냇가에서 멱을 감는
송사리 실뱀장어는 청자빛 고운
꿈의 낙원 만들고 있다.

종달이 울음

새벽을 깨우는 종달이 울음
남쪽에서 봄내음 품고 불어오는 바람
종달새 가슴에 님을 안고
하염없이 우는 종달새
내 가슴도 아프게 하네

동녘 하늘에 떠오르는 태양빛이
따스하게 비추어다오

종달이 깃에도
피어날 봄날의 하모니
영원에서 영원으로 꿈을 안고 살아보자.

아름다운 꽃

오늘은 노동절
노동절이 되면
우리동리 집회 때 마을에서

고생한 이들을 위해
맛나는 음식을 준다기에
우리들은 좋아했네

그게 나온 것이라곤 강냉이 튀긴 것
이 늙은이 목에 잘 넘어갈까
그래도 오랜 세월 먹고 살아온 우리
강냉이가 사탕처럼 입속에서 녹아내리고

반가운 마음으로 하늘을 쳐다보니
우리들의 집회장소 위 하늘에
강냉이 꽃이 아름답게 피어있네.

단비

비는
사월의 비는 단비다
단비를 먹고 자라난 만물은
이 들 저 산야
모두가 연녹색 옷을 바꾸어 입게 하네

이 비가
사람에게도 이루어진다면
얼마나 좋을까
먼저 간 지현이도 이 단비 따라
웃으며 온다면
나는 춤을 추며 즐거워하리

새날 새바람이 되어
이 고독 이 번뇌
모두모두 씻어버리고
사랑으로 영글어
한 알의 씨앗이 되고 싶네.

갈바람

어제 불던 갈바람은
마봉산 허리로 숨어 버리고
오늘은
해맑은 바다 내음이 봄꽃 따라
내 가슴에 안기네

제비 깃에
연분홍 그리움 매달고
푸른 하늘 푸른 들 날고 날아
이 작은 가슴을 채우고 싶네

어디메서 들려오는
종달이 노랫소리
머나먼 길로 간 임의
목소리 같구려!
사랑하는 내 임이여.

연두색 잎새

어제
산마루 연두색 잎새가
오늘은 오부 능선을 넘어
해발 오백 고지를 올라가고 있다오

아마도 할머니 무덤가엔
할미꽃이 봉우리 져
오고 가는 다람쥐 코를
싱글싱글 만져 주겠지요

남에서 오는
따사로운 바람은 들판을 지나
보리 이삭에 뽀뽀를 하고
늘어지게 낮잠을 자다가
고양이 콧수염을 하늘하늘 만져주네요.

바람이 분다

바람이 분다
바람이 분다
연녹색 잎새 사이로 바람이 분다

하늘나라 꿈나라에
바람이 분다
바람이 분다
하늘나라 꿈나라에 바람이 분다

바람이 분다
바람이 분다
파란 가슴 하얀 가슴에 바람이 분다

저 솔
저 잎새가 바람을 맞아
춤을 춘다
춤을 춘다

너도 나도
뜰에서 숲에서
춤을 춘다
춤을 춘다.

바람결에 밀려오는

바람결에 밀려오는
대다북 정자나무 아래
현대의 파도소리가
넓죽한 길을 만드네

이마에 스쳐간
먼 훗날의 상념
오늘도 두더지 되어
산허리를 파고 있네

달 달 뚝딱
달 달 뚝딱
도깨비 방망이 산허리를 자르고 있네

지난 세월
자연의 품이 언제나 그리운데
환상의 비엔날레 서울이 보이네

내 가슴에 채워줄
저들의 무희
달 달 되는 포클레인의 꿈이
오늘도 미로를 향해 붉은빛을 비추네.

다람쥐 나래

마음의 나래는
숲에서도 오고
저 먼 하늘나라 구름 속에서도 오고
파란 이불을 뒤집어쓰고
맨둥맨둥 노닥거리는 가시네 치마폭에서도
나래는 오고 있을 게다

그런데
나의 마음의 나래는
오늘도 피리를 불며 소치는 목동의 가슴에서도
용트림하듯 붉은 열을 품고
저 건너 바위 아래서도
나팔을 불며 오고 있을 게다

꿈도 먹고
도토리를 주어먹는 다람쥐 귓불에
파란 햇살을 매달고
마음의 나래는 오고 있을 게다.

솔개

솔개는
나뭇가지에 앉아
번득이는 잎에
하얀 깃발을 내밀고
푸른 가슴을 조용히 들여다본다오

방금
금빛 유성이
검은 골짜기에 떨어지고
이에 놀란 솔개는
날개로 눈을 가린다오

솔개는
파릇한 풀 냄새가
구비 돌아가는 냇가에서
뒷걸음질 하고 있는
가재를 바라다보며
내일을 위해 기도한다오.

병정개미

공원 정자나무 아래
잎새가 한 잎 두 잎 떨어지고
찻길에는 굴러가는 차바퀴 소리 들으며
병정개미는 줄지어 가고 있다오

오늘은
검붉은 작은 개미 군단이
푸른 잔디 사이사이로
꼬리에 꼬리를 물고
병정개미는 가고 있다오

따스한 아침 햇살이
땅거미 속으로 비추일 때
어디에다 새집 하나 만들어두고
이사 가는 개미야
나도 나도 개미 군단 따라가고 싶다오.

재두루미

열기가
쏟아지는 과수원에
재두루미는 과수원 그늘에서
맴도는 천상을 본다

하얀 구름망울이
천상의 정원에서 실낙원을 만들 때
가슴에 품고 살아온
그리운 날의 추억
은빛 고운 나무 잎새에서 한 알 한 알
정 담구어 본다
흐르는 물결이
가슴배기 언저리로 흘러가면
새하얀 꿈은
물결처럼 밀려오고
파란 하늘에서 주저리도 열리는
그대의 눈망울
이 가슴에 가득 가득 담아나 보자.

조롱박이

이슬망울이
풀잎에서 반짝이는데
조롱박이 새는 입술을 꼬고
하늬를 바라보네.

가슴에
*한단몽을 품고
주름 잡힌 이마에서
*한막비를 뿌려 볼까

구겨진 자리마다
걸어온 애환이
가슴을 쓰려 내리며
먼 길 바라보네
언제 피어날 조롱박이
꿈을….

*한단몽 : 한단지몽(당나라 노생이 한단땅에서 여옹의 베개를 빌려서 잠을 잤는데 메조 밥 짓는 사이에 팔십 년의 영화로운 꿈을 꾸었다.)
*한막비 : 부처이 설법이 모든 중생에게 고루 끼쳐주는 것이 마치 비가 온갖 초목을 골고루 윤택하게 하는 것과 같다는 뜻.

벚꽃

길을 걷다
가만히 가만히
보도 위를 바라보면
나폴나폴 춤추는 게 있어
벚나무에서 내려앉은
벚꽃 잎
봄의 꿈을 가슴에 안고
길에서 너울너울 춤을 추네

한 잎 두 잎
뒹구는 꽃잎
차륜이 지나가면
한 뼘쯤 저쪽으로 가고
남녘 바람이 불면
봄의 냄새가 보도 위로 때굴
굴러 가네

그 꽃잎 하나
주어다

내 가슴에 심어두고
요리조리 만져보는 봄의 화신
당신이 정말 진해의 화신이여라.

동백꽃

푸르름 잎새 사이
골짝 바람 차갑구나
가련히 가버린
청아한 당신 모습
문설주 아래 핀
동백꽃 한송이 당신인 듯하네.

파랑새

보이지 않는 끈
가슴에 누비처럼 엉킨 줄무늬
그 외줄을 끊어버리고
파랑새 되어
저 창공을 날고 싶다오

삶에
이리저리 엉키고 설킨
고역의 파노라마
피멍이 되어 가슴앓이 하는
영생의 귀로
무소유주의가 되어 파랑새가 되고 싶다오

훨훨 날아가는 파랑새
파랑새 목에다
그네 줄을 매여
남에서 흘러가는 구름 따라
영원히 자유 찾아가고 싶다오.

소쩍새야

대나무 잎새에 붙은
여름의 열기가 식기 전
꽃가지마다 희망의 씨알
담뿍 담고
서산으로 넘어가는 저녁 해를 보며
어디에다 보금자리 하나 만들어 볼까
소쩍새야

서른 마음 가슴에다 묻고
안개비 따라 댓잎 흔들리는데
파리하게 멍든 세월은
송월의 입김에다 새겨보자
소쩍새야

네가 누운 자리
황금 빛깔 고운 정자나무
한 잎 두 잎 떨어지는 잎새
서성거리는 대밭에서
흘러간 추억이나 새겨보자
소쩍새야.

고추잠자리

10월이 가는 자리에
고추잠자리가
풀빛을 머금고
정원에서 놀고 있다오

나래 위에
한 아름 가을을 품고
가을국화 잎새에 솟아나는
달콤한 향을 맡으며
여름 날개를 다듬질한다오

이번에
가을이 가고나면
저 흰 돌배기 아래
차곡차곡 쌓아올린
내년의 바람개비를 위해
고추잠자리 가슴에
꿈 망울 재운다오.

가을이 오면

가을이 오면
티 없이 맑은 하늘에
뽀얀 코스모스 가루가
쉼 없이 휘날린다

금바구니 하나 들고
꽃가루 주어 담아보는
작은 아가의 손길에는
푸른 에메랄드가 흐른다

가슴 깊이 새겨진
모래톱 위의 사랑
줄줄이 영글어가는 풍요로운 산
큰 가슴 벌려 한 올 한 올
기다림이나 키울까
작은 나의 가을이여

노랑꽃이 피어
맴돌아가는 흰나비의 나래에

하늘 꽃가루 담아보는
맵시 좋은 가을

오늘도
붉은 단풍을 먹고 살아가는
꿈 많은 저 언덕배기
차곡차곡 가을 잎을 쌓아 올리는
정감에 흐느끼는 한 폭의 가을.

짚새

짚새가
졸음을 참고
고갯마루 산딸기 나뭇가지에서
비린내 나는 흙을 쪼우고 있다

짚새는 고깔모자를 쓰고
엉성하게 눌어붙은 청솔 잎새를 보고
버섯나라 왕자가
어디메 왔는지 묻고 있다

짚새는
다랭이 잎에 진주알을 품고
숨을 몰아쉬며
빛의 나라가 어디메냐고
묻고 있다.

3

파란 추억

파란 추억

하얗게
하얗게 피어오르는 꿈들은
내 손끝에서 놀고
파리한 추억이
저 동산 너머로 가버리면
한없는 외로움과 허무가
내 발 아래 차곡차곡 쌓인다

거닐다보면
내 육신은 물거품처럼 사라져 버릴 때
내 영혼은 울고 있다
한바탕 울고 나면 내 가슴은 후련해진다

갈고리 없는 내 삶이라도
이렇게 이렇게 줄을 서게 하고
또 다른 꿈을 향하여 살다보면
무수한 꿈과 희망의 나래가
저 동산 넘어 무지개 따라간다.

나를 슬프게 하는 것

현세에서
가장 마음 아파하고
슬퍼하는 게 있을 진데
그것이 무엇일까
위로 위로 솟구쳐 올라가는
번뇌와 괴로움이
이 작은 가슴을 누비고
멍하니 하늘 구름 바라보며
슬픔에 젖어 오늘 하루해가 가누나

뒤돌아볼수록
영화도 없고 기쁨도 없고
오로지 추락하는 꿈들만이
이 세상 구석구석 채우누나.

노옹의 연가

나이
여든이 되니
맑은 정신은 어디로 가고
피해 생각만 드는구나

마음에 가득한
허상이 줄지어 구름 따라 가고
소슬히 부는 바람
이 마음 외롭게 하네

오늘도
구비 도는 길목에서
이 한 몸 지팡이 짚고
먼 하늘 구름 따라 어디론가 가고 싶네.

그림자

나는 내 그림자를 보며 사물의 실체를 생각한다
내가 나를 그리고 싶을 때나 다른 사물을 그리고 싶을 때
그 사물의 실체보다 그림자를 그린다면 그 그림자가
우리에게 다가서는 선율이나 생동감이 잘 표현될 것 같다
사람이 수레를 끌고 가다가 숨이 차 숨을 고르면서
수레와 자기 그림자를 보고
아~
이것이로다
자명의 환호성을 먼 하늘을 향해 크게 굳게 느껴지는
그림자의 정을 오래도록 내 마음에 잠들게 한다
이 그림자와 같이 우리들의 생의 유희를 오롯이
내 마음에 담고 담아 뜻이 울이는 포성이 되어
이 지상으로 날고 싶다.

허한 세월

지난 일들을 돌아보자
허한 세월이
정자나무에서 솔 옷이 매달려
하늘 바람을 따라가고자 한다

까마귀 까치들이 지저대는 속에
구름 나그네는 일곱 가지 색깔 옷을 입고
오늘도 춤추며 가고 있네

이 늙은이 가슴에서는
휘바람이 매달려
추억의 그림자를 먹고 또 먹고
푸른 하늘 되어 날고 싶다
까마귀 까치들이 지저대는 속에
구름 나그네는 일곱 가지 색깔 옷을 입고
오늘도 춤추며 가고 있네.

세월 따라

날이 가고
세월이 흘러가듯이
내 몸도 마음도
그들 따라 가고 있다오

세월의 틈바구니에서
모래성을 쌓아
한 올의 물결이 흘러가듯
그것을 말끔히 씻어버리면
허황한 세상 이야기가 무너져 버리지요

아름다운 꿈이
흰 구름 흩어지듯이
저 멀리 가버리고
아쉬운 마음 가슴에서 슬퍼할 때
또다시 밀려오는 외로움은
이 세상 물줄기 따라
영생으로 가는 우리….

흐트러진 세상

흐트러진 세상
갈길 찾아 맴도는 세상이여
오늘도 붉은 단풍잎 하나 둘
떨어지는 숲 사이로
아기 업은 청노루는 가고 있다오

노랑 고깔모자를 쓴 청노루야
서산에 한 뼘쯤 남은 황혼을 보고 있느냐
금쟁반에다 행복 하나 가득 채우고
이 세상 모두에게 나누어 줄 행복은
태반 속에서 아직도 꿈을 꾸고 있는데
해는 서산마루로 가고 있다오

언제쯤 우리들의 순한 마음 다주고
빈 쟁반에다 또 하나의 꿈을 채우고
먼 훗날 위한 기도를 하고
우리들의 환한 웃음 웃어 볼까나….

추억의 열매

북향에서
불어오는 냉한 바람은
정자나무에 남은 마지막 잎새를 흔들고
뜰 아래 논뱀에서
황금빛 노을을 차곡차곡 주어 담는
아랫마을 순한 할머니 손길이 부럽기만 하네

어디에서 들려오는 귀뚜라미 울음소리
해가 가시는 노을빛 따라
가고 또 가고 있는 우리들의 상념들이여
이젠 빈 가슴 두고
언덕배기 위에서 솟아오르는 저녁연기
우리 가슴 채우고 있네.

산 너울

해가
서산마루로 갈 때면
언제나
황금빛 노을을 남긴다오

아름다운 노을에 취해
떡갈나무 사이에서 고향 이야기를 하는
참새들이 부러워
내 마음의 소리를 듣는다오

긴 여정을 보내면서
저렇게 아름다운 노을을
만들고 있는 그들이 부러워
오늘을 보내는 아쉬운 마음
곱게곱게 보낸다오.

빈 마음

세월이
흘러간 자리마다
안개 무리 젖어 있고
길가에 선 느티나무
오늘도 서릿바람 맞고 있네

참새는
봉황 잡으려 서산으로 가지만
도포 입은 스님의 목탁소리에
지장경을 외우네

가는 이
오는 이
빈 가슴 채우려
이마에 송글 맺는 땀방울
베적삼에 씻어나 볼까.

흘러가는 세월

사람이 살아가는 길목에
쌍날개가 달린
쌍곡선
하늬바람이
오롯이 피어오르는 연두색 잎새

푸른 잔디의 숨결
뒹구는 공
할아버지
할머니의 정이 소록이 담겨 있네

흘러간 세월의 바퀴에
잔주름이 샛별처럼 빛나고
환하게 웃는 웃음의 혜안엔
굴러가는 공처럼 우리들은
굴러가고 또 굴러가고 있네.

임 생각

대숲에서 봄바람 일렁이는데
꾀꼬리 소리
들리는 듯 마는 듯
님 그리운 마음 창살에서 맴도네

당신의 따뜻한 숨결
가슴에 정만 남기고
떠나간 지 몇 밤 이던가
보고픈 마음
그리운 마음
너울지는 이 가슴에 멍이 드네
마음 앓이 하네.

서서러움

서서러움 없는 세월 흘러가고
삐걱대는 모난 인생
아마도 생가죽을 뒤집어쓰고
하늘에다 대침을 놓아볼까.

한 알의 밀알이
억만 장생 낳고 낳아
흰 돌배기 품은 마음
가슴시린 자옥만 남네

검푸른 파도자락에
흰 돛단배 너울너울
서린 마음 시린 마음
울고 넘는 흰 돌배기
갈매기야 울지 마라
이 가슴에 눈물만 고이네.

장작개비 연가

지나온 세월
너를 닮은 꽃가루
화려하게 핀 그날의 요염이
장작개비에서 불타고 있네

싸늘하게 식은 슬픔의 추억이
언덕배기에 가느다란 녹두꽃 잎새를 달고
시베리아 하늘 바람을 맞네

따스하게 지펴오는 정
한 아름 꿈을 만져보며
가날프게 불타오르는 장작개비 혼
하얀 재를 남기고 가네

빛나는 꽃송이 나의 눈동자에 어리고
우리들의 사랑의 잎새가
요염하게 장작개비를 태우네.

님 그리워

님 그리워
지새는 밤에
한줄기 구름 망울 흘러간 자리
샛노란 이 가슴에
꿈을 키워왔건만
당신이 간 이 빈자리에
곱게 핀 동백꽃 한 송이

동백꽃 바라보며
내 서러움 지워줄
그대의 영상
서러웁게 울어보는 그날의 정

동백꽃
그 망울에 남은 여생 걸어나 볼까
쉼 없이 흘러가는 세월 속에
이 가슴 붉은 피는 엉겨만 가네.

곱게 눈 감으면

들길에 나부끼는 코스모스
국화향이 코스모스 잎새로 비켜가고
노랭이 꽃술에
간밤 찬 이슬이 고이네

용추폭포
떨어지는 아롱진 무지개 사이로
나르는 갈 갈매기
그 흰 옷이 눈부시네

이리 가고 저리 가고
둥글납작한 미투리 신고 가는
어제의 풍경화는
가을이 익어가는 세월 속에
곱게 눈 감으며 어제를 돌아보네.

회상

이 세상에
미물로 태어나
가고 싶은 곳
하고 싶은 것
그 하나도 해보지도 못하고
밀령의 세월만 흘러
칠칠을 바라보네

마음 속 한자리에 아름다운 생각
예쁜 마음 갖고
어디론가 가고 싶은 마음
그러나 아쉬운 생각만 가슴에 안고
하얀 띠를 엮어보는 허상의 꿈이네

저 하늘에 흘러가는 한 조각 구름
이방 이 틀에 묶여 흐느끼는 눈물
어디메서 내 꿈 한 오라기 찾아나 볼까
하염없이 쏟아지는 망울진 눈물
앞섶이 젖어 흰 구름만 날아가네.

일흔여섯의 햇살

일흔여섯의 햇살 받이가
아가의 얼굴이 되어
한 점 두 점 멍에를 이고
하얀 속살을 내민다오

검게 물든
합죽이 피안 날래가
여기저기에서 피고 지고
모란 꽃잎이 되어
하나 둘 떨어지고 있다오

웅어리 진 모습에서
정이 그리운 당신의 모습
어디쯤 쉬고 있을까
아지랑이가 웃고 선
봄나물 커가는 언덕배기에
황소의 느린 울음
이 땅에 가득하다오

푸른 잎사귀 냄새나는
섬돌 아래 질경이 꽃이
옹기종기 모여
사탕수수 밥을 먹고 있다오

흔들리는 콧수염에서
이제 자고 깨어난
손주의 실손이 아기장 그리는
꿈은 오늘도 쉴 새 없이
추억을 담근다오.

하루살이 연가

하루살이가
실낙원에서 매일 매일
속옷을 갈아입네

하루살이는
어디메서 오는 영혼일까
비엔날레따라
순한 버들강아지 풀잎으로 장식하고
부끄러움 없는 맑은 꽃잎 되어
환희 웃고 설 눈동자

하루살이 유산은
기다림의 불꽃되어
하늘로 오르는 욕망
오늘도 기도하고 찬 이슬을
먹고사는 하루살이….

4

내 마음 시

내 마음 시

시가 있기에
내 마음 시에 담아두고
이 별난 세상에서
외로움을 씻어 본다

자나 깨나
허한 마음으로
내 마음 추수리고
이슬 맺는 눈동자에 앞이 아련하네

안간힘으로
오늘을 버티고
건너편 산마루에 무지갯빛 어려
찬란한 꿈들은 무빙되어 하늘로 가네.

시야

시가
어디메 있을까

시가
어디 누구 마음 재울까

시가 좋아
시를 짓고 시와 더불어 울고 웃고
영그는 시 속에 오늘도 구천세계를 돌고 돌아
여기 여기 구천계곡에 묻혀
보리수가 되어 혜안의 세계로 가볼 까나

가슴에다 매단
영생의 희로애락
오늘도 기연 하나 하나 풀고 풀어
빈 마음 벗하여 천상에서 살아보세.

노인회

대한 노인회 진해지회
오 년여 세월 동안
발 담그고 마음 새겨온 곳
이젠
희망과 절망의 골 묻어두고
훨훨 날아 이 산 저 산 구경가세

이곳 대장마을을
더벅더벅 오 리 길 가고 오고
여름이면 땀 흘려 이마 씻고
겨울이면 댄 바람 맞으며
호호 불며 다독이던 정든 세월

이젠
모두 모두 내려놓고
빈 마음 가슴에 안고
남은 여생 즐겨보세
계산 자락에 흙먼지
씻어버리고
훨훨 날아 산천 구경이나 가세.

팔순의 자리

팔순의 자리는
마음 비우는 자리
마음 가는 자리는 꿈들이 잠자는 자리

들길에 피고 지는
이름 모를 야생화
그걸 한 송이 꺾어다 입 맞추고
먼 산 바라보며 혜안이 젖는 자리

풀피리 불던 어린 시절
가슴에다 매단 무지개 꿈
어느 세월에 내 꿈 키워
보랏빛 나는 영생을 가져나 볼까.

모오리 돌

해변가
파도가 노니는 곳에
*모오리 돌도 같이 놀고 있네

오랜 세월 동안 파도에
갈고 닦아 모오리가 생겼네
자연의 꿈이 이뤄졌네

아침 햇살이
모오리 돌을 입 맞출 때
샛노란 꿈이 뭉게뭉게 피어오르네

우리들 가슴에도
모오리 돌이 남아
푸른 꿈 하얀 꿈 만들며 살아보자.

*모오리 돌 : 모나지 않고 둥글둥글한 돌

내 사랑하는 시야

나의 일상 생활이
시를 품고 살아오고
살아가지

시가
내 일상 생활에 들어가
살아오고 살아가고 있는지
알다가도 모르겠고
모르면서 알 것 같은
이들의 연극을 보고 살아가는
나

오늘도 먼 산
먼 하늘 보며
영글고 커가는 시상의 꿈이여
언제쯤
내 가슴에 가득 채워 줄
좋은 친구를 만날 수 있을까

내 사랑하는 시야.

광고

이쪽을 가나
저쪽으로 가나
광고가 여기저기 뽐내고 있네
이상한 광고 하나 있네
웅스트럿 눈꽃빙수
뭐하는 걸까

흰꽃 붉은 꽃
노랑꽃 연분홍 꽃 등등
다듬어 진 바위 사이사이마다
곱게 피어있네
뽐내고 있네

우리들의 즐거움 안고
지나가는 차륜의 소리에 장단 맞추어
종달새도 그 노래 부르고
이 나무 저 나무를 오고가며
잘잘거리며 잘도 놀고 있네.

비행기

비행 구는
비행 구는
높이 뜬 비행 구는
흰 구름과 숨바꼭질하고
바람 따라 씨름하고
가기도 잘도 간다

사람 마음 가득 담고
먼 길 저쪽 나라
기쁜 나라 좋은 나라
보려가네

내 희망의 꿈
펼쳐볼 그날의 지름길
한 아름 꽃다발 안고
잘도 가네.

어느 누가

어느 누가
사람은
이 세상에서 꼭있어야 할 사람
이 세상에서 있어서는 아니 될 사람
이 세상에서 있으나 마나한 사람이
있다고 한다오

우리들은 이들 중에
마음 두고 사는 사람이 몇이나 될까요

해가 뜨고 지는 세월 속에서 묻혀
살다보면 어느덧 머리가 흰 눈가루 날리고
곰팡이 냄새를 품고 살아간다오

이것이 인생일진데
서로가 시기하고 미워하며
살아가는 우리가 미웁네요.

톱니바퀴

오래전 영도다리 입구에서
교통정리를 하는 순경아저씨에게
김선근외과 의사 선생님이
귀중한 말씀을 하셨다오

이 세상은 톱니바퀴와 같다.
서로가 물리고 엉키어 살아가고 있다오
내가 아픈 사람을 치료하듯이
댁은 거기에 서서
많은 차량의 원활한 소통을 해주니
차들이 마음 놓고 오고 간다오

가령
우리들이 살고 있는 이 집도
벽돌을 쌓고 기둥을 세우고
방과 거실 등이 있듯이
나름대로 서로가 어울려 있고

우리들의 사회가
이와 같이 구성되어
마음 놓고 살아가는 것이
우리들의 세상이라오.

문화행사

문화행사
초대장 받아놓고
날이 가고
시간이 되어
가야 하나 말아야 하나
젊음의 뒤안길
숨 가쁘게 내달리고 싶지만
성거러운 백발의 연륜에 묶여
망설이는 마음 어쩌나

이 골짜구니에서
안개비 맞으며 살아온 지난 날
덥수룩한 흰 수염
약한 이 마음 펄럭이고
가슴 뛰는 맥박
젊음의 뒤안길
가깝게 보인다만 늘어지는 약한 마음
쭈뼛대는 망설임
허공을 향해

내 나이테 물어본다

빛나는 행사장에
나약한 풀뿌리
망가지는 육신이여
망가지는 육신이여.

어머니

가매 섬 텃밭에
고구마 감자 일구고
파도자락에 밀려오는 바닷내음
머금으며
어린 마음 부푼 꿈으로
아롱다롱 연줄 매어 돛단배 담아
자라온 어머니

산이 좋아 물이 좋아
구천계곡에 몸 담구고
구순이 될 때까지 살아오신 어머니

한 줄 두 줄 새겨진 주름살에
아들 딸 품고
크는 보람으로 살아오신 어머니

불모산 산기슭에서
고라니 울 때
파란 마음 하얀 마음

저 하늘에 띄워 보내고
소롯이 잠이 든 어머니
혜안의 웃음 남기고
영생으로 가셨네.

아버지

골짜기에서 부는 바람
차갑고 매서웁네.
망루에 짚새기로 풍벽을 만들고
꽹과리 손에 들고
산 손님 오나 망보는데
정자나무 가지 위에 걸려 있는
초승달 빛만 외롭게 비추네

자정이 숨 고르고
생쥐들도 굴 속으로 가고 없는데
구구총 맨 산 손님
모퉁이 길로 오고 있네

모두가 잠이 든 적막강산에
홀로 남아 마을을 지키는 아버지
산 손님 온다고 고함치며 꽹과리 치는데
산 손님은 망루를 보고 총을 쏘며,
망루대에 불을 놓았네

마을 사람들은 모두 일어나
산 손님 쫓느라 고함치는데
산 손님 총 쏘며 산으로 도망가네

이웃집 할아버지 산 손님 총에 맞아 쓰러지고
길 가엔 피바다 되어 모두 무서워 하는데
망루에서 뛰어내린 아버지
화염 먹고 다리 상해 파출소에 신고하러 갔네.

빈 광주리

지나간 세월은
언제나 망각의 세계
또렷한 환상이 밀물처럼 밀려와
이 가슴에 닿을 때마다
높은 하늘에 떠있는 한 송이 구름

그 구름 잡으려
팔 벌리고 하늘 비행기 타지만
꿈처럼 가버린 옛이야기

이 가슴에
한 올의 추억을 감출 수 있다면
그젯날 있었던 아름다운 일들을
오롯이 주어 담아둘 빈 광주리엔
오늘도 허상만 있구려.

여의주 한 알

여름 열기가
숲속으로 가고
서산에 걸려있는 조각달은
내 마음 안고 가네

여의주 한 알
우리 가슴에 매달고
벅찬 수레 끌며
황톳길을 가고 있는 우리 나그네

지나온 발자욱마다
과거사가 엮여 있고
강풍신월江風新月을 외우는 선비

뜬구름 보고 마음 달래네.

장기 자랑
– 노인회

장복산 숲속에는
이슬비 내리고
뜬구름 흘러간 자리에
옥향목이 퍼져가네

진해구 공연장에
늙음의 진액은 한 마리 나비 되어
춤을 추네
아름다운 추억이 더듬는 자리에
가슴아리는 옛정이 고여 있네

멜로디에 서려오는
소녀 소년 시대는 저 안개 따라가건만
회안의 가장 자리에 눈물 고이네
회안의 가장 자리에 눈물 고이네.

학예회

구서초등학교 강당
어디메서 굴러온 다람쥐일까
귀엽고 귀여워
손끝으로 살짝 만져보면
따사한 사랑
힘줄 되어 가슴에 흐르네

옥보석 바라보는
그 눈동자에
한 올의 전율이 퍼져가는 메아리
넓은 강당 모서리마다
빛이 되어 아롱지네

선율이 흘러가는 메아리
숨겨둔 진한 내음의 하모니
가슴에 젖어드는 사랑 꽃이
이 마음 적시네
이 마음 적시네.

시인이 되려면 1

시인이 되려면
꽃망울 속에 들어가
꽃가루 내음을 맡으며
꽃의 생각을 알아야 하고

시인이 되려면
나무 잎새에 들어가
나무 진액을 먹으며
나무 잎새의 세상을 알아야 한다오

시인이 되려면
하늘을 나르고
구름과 벗하여 뒹굴고
하늘나라를 알아야지요

시인이 되려면
파도를 알아야 하고
파도와 어울려 출렁이는 파도자락에서
시를 주워올 줄 알아야 한다오.

시인이 되려면 2

아~
나는 시를 알렸고
시로서 세상을 담구고 펴고
꼬깃한 세파의 흐름 속에서
정 하나
심고 또 심고
하늘을 보고 별들을 헤아리다가
유성이 떨어지면 유성 따라
시는 가고 또 가고

푸른 들녘에서 보드라운 바람이
일렁일 때마다
언챙이 하루살이 따라가는 순한 머슴아이
오늘도 소매 자락에 나부끼는
시들의 고향.

나는 시인이 아니다

나는 책 읽기를 좋아하고
시를 좋아하는 취미생활인데
책을 읽다보면 한가로이 흘러가는 구름 한 조각이나
시냇물이 졸졸 흘러가면 그 물방울에서
이 가슴에 파릿한 생각이 자라고 싹이 튼다
그걸 한두 개 주워담아 보니 이런 글을 쓰게 되었다오
단 한 번도 내가 시인이라고 생각해 본 적이 없고
다만 하나님에게 좋은 시를 짓게 해달라고 기도는 하지요
오로지 시를 좋아하는 이 늙은이에게
부끄럽지 않게 살기를 원합니다.

5

불모산

불모산

늦가을
불붙은 불모산
불모산 골짝이마다
서리 자욱 엉겨붙은 갈잎의 노래는
하늬바람 따라 가을은 잠들고 있네

청솔가지에
재롱부리는 다람쥐는
꽃망울 좋은 고무신 하나
저 상록수에 매달고 있네

푸르름을 따라가는
포말의 물줄기
웅덩이마다 하늘을 이고 있네.

도요지

도요지
웅천 도요지가
보배산 기슭에
천 년의 세월을 머금고 우리를 반기네

영원히 빛나리
웅천 도요지여
질그릇 굽어내는 선대의 얼
그 아름다움 도요지로 남아 있네

앞서간
할아버지의 빛나는 얼
우리들의 가슴 벅차게 만들고
오늘도 굽이도는 자연의 향가
길이길이 빛이 되어다오
웅천 도요지여
맑고 밝은 빛으로 우리를 사랑하여다오.

은총을 베푸소서

물 난리
불 난리
하루도 마음 놓고 살 날이 없네
이리가도 가슴 아프고
저리가도 가슴 아프네

맨날 맨날
가슴 조이며 불안에 살아가야 하는 우리 세상
언제 이 땅 위에 마음 놓고 살아볼까

하나님 아버지
우리를 불쌍히 여기소서
애달프고 슬픔에 잠긴 우리
구원하소서
구원하소서
맑고 밝은 세상
우리에게 주소서
우리에게 은총을 베푸소서.

여수만 1

저기
저기
섬 하나
햇빛이 바다에서
은빛 가루를 쏟아내고
푸른 물결 위에 떠 있는 섬
그 섬에는 지금도 모래알을
땅게가 소복소복 성들을 만들고
굴러가는 갯고동에 파란 이끼 키우고 있네

한 줄기
두 줄기
뿜어내는 은빛 물보라
그걸 가슴에 안고
갯고동은 용궁으로 가고 있네

우리들의 꿈이
에메랄드 파도 자락에 싸이고
사람의 마음 속에 사랑의 열매가

줄줄이 익어가는 여수의 해변가에
천 년의 빛이 고이는
여수엑스포야
여수엑스포야.

여수만 2

가슴을 누비며 여며드는
여수엑스포
사람의 마음에
꿈을 키우는 하모니
한 올의 실오라기 따라
살아온
사람들의 숨결이
햇빛이 내려앉는
여수만의 너울
에메랄드 바다여

박람회 둘레에서
메기 춤을 추는구려
우리들 가슴에 하나 하나
꽃씨 뿌리는 영원의 샘이어라
꿈이여
희망이여
영원히 빛날 역사의 조각이 남기고 갈
여수의 숨결이 되어라

행암길

큰 발티
작은 발티
고개를 넘고 넘어
오솔길 따라 너구리 따라
청개구리 합주곡
행진가를 들으며,

이마에 송걸 맺는 땀방울
소매 적삼으로 딱고 또 딱고
그 길 벗어나면
에메랄드 물결 남실되는
천자봉 바닷가

가덕도 저 멀리
지평선에서 밀려오는
정다운 어부노래
오늘도 동백 꽃잎에 소록이 쌓이네.

단양팔경

우리들의 해맑은 눈동자에
그리움만 가득이 고이고 고여
한강물 되어
흐르고 흐르느니
맑고 빛깔 고운
신선의 고향이여라

가슴에 미어드는
하늘의 꿈자락이
저 강물 되어
오늘도 단양팔경 안고 돌고 있네

은빛 고운
북한강 물줄기
단양팔경에서 노 젓는 뱃사공아
백로 한 마리
신선되어 날고 있구려.

석가모니불

부처님
고운 혜안에는
중생의 번뇌 어디에다 감추어 둘까

바라아제
짊어지고 가는 백팔번뇌
인생 희극 눈물 되어
구인사에 모여드네

저 하늘가에
솟았다 서려지는 무상의 중생
청솔가지에 주저리 주저리 매달려
울고 있네

황혼의 그림자가
물결이 되어
소백산 골짜기에 백팔번뇌 심어두고
우리 마음 잠재울
선한 부처님 마음.

구인사

산새 우는 산봉우리
능선마다 숲이 고와
새들은 모여들고
거 울음소리 청아하구나

계절 따라 가고 오는
만물의 그림자
굽이도는 골짝이마다
우리 번뇌 심어두고
보살 마음
저 산허리로 가고 있네

소백산 정기 받아
우뚝 선 구인사야
보살의 번뇌 부처님께 맡겨두고
가는 이 오는 이
우리 백팔번뇌
어디에다 잠재우리
보살이여
보살이여.

싸리골

싸리골에서
문풍지가 떨고
뱁새가 우는 청솔골 가지에
흰 꽃가루가 날린다오

당신의 뽀얀 손등에
함지박 꽃이 필 때면
추억의 잔나방이
봄바람을 따라 부푼 가슴을 내민다오

사랑이
저 노랫이 풀잎에 쌓일 때마다
냉가슴에 무서리가 내리고
달빛 고운 정자나무에 잉어새가 운다오

그리운 임
보고픈 임
결실이 오는 날이 언제 일까요.

추풍령

봄이 오는
길목
추풍령 사잇길에
두견화는 피고
하얀 수염 흩날리는 버들 풀은
흘러간 세월을 세어보네

봄이 오는 길목
두견이는 양지받이 언덕에서
깃털을 모으고
하얀 알을 품고
꿈의 동산 만드네

가은 이
오는 이
정 남기고 간 추풍령

오늘도 서울로 가네
오늘도 부산으로 가네.

정원

매란국죽이 있는 정원에는
봄비가 내리고 있다
노랗게 피어나는 수선화
가슴 한가운데 천 년의 바램이
잔솔가지에서 부엉이 우는
소리보다 더한
저 수선화 꽃

매화는
매화나무 가지마다 봄을 머금고
수선화를 보고
나붓나붓 웃고 있구나

사랑과 정염의 열애가
봄비 오는
우리 집 정원에서 가득히
가득히 고여
우리들 마음 설레게 하네.

호산나 앞뜰

사랑이
오는가 하면 가고
가는가 하면 오는
오고 가는 사람의 물결
호산나의 앞 뜰

오늘은
맑은 겨울 냄새가
오젓이 풍겨오는
김해 벌의 나그네
냉한이 젖어드는 옷깃에
호산나의 사랑이 따스하게 번져가는
호산나

호산나의 마음자리
우리들의 영혼을 잠재우고
함초롬히 피어나는 낙동강 갈대꽃
우리들 가슴 훈훈히 적시네.

호산나 후원

호산나 후원에
자산홍이 곱게 피였네
교회의 마음이
자산홍처럼 붉게 타고 있네
성도의 마음에도
자산홍처럼 붉게 타고 있을까
푸른 무늬 줄장미 잎새에도
붉은 마음 하나 둘 보이네

우리들의 흐트러진 마음이
붉은 자산홍처럼
붉게 붉게 타오르듯이
하나님 마음이 활활 타고
성도들의 마음도 활활 타네

저 높은 교회의 종탑이
하늘 마음 채우며
하나가 되는 선한 몸짓이
우리 가슴을 채우고 있네.

제3 땅굴

누겁진 굴속에
겹쳐진 역사가 흐르고 있다
종이 색깔은 천장 어귀마다
물방울이 송글송글 맺힌다

빈 터널에서
습해오는 아픔의 남북 분단
한 뼘만 더 가면 태양빛이 내리는
꿈 같은 마을이 있다

차가움이 스쳐가는 메마른 가슴에
언제쯤 밝은 빛의 해오라기가
우리 눈을 비춰줄까

가고 오는 희안 속에 멍든 역사
오늘도 말없이 가고 있는데
저 땅굴 끝자락에 모락모락 피어날
우리들의 꿈
새하얀 가슴 안고
땅굴에서 나와 살아볼까.

을숙도

바람이 불면
바람이 불면
갈대 숲 곱슬머리
빙글빙글 강물에 띄우고
머리 내민
실뱀장어 꼬리에
힘살을 짚인다오

실내음 퍼져가는
황혼의 금잔디는
푸른 하늘 이야기로
아가를 달랜다오

한 점 두 점
피었다 쓰러져가는 은보라 강물은
우리들 가슴에 햇살을 안으며
저 창공에 나르는 갈매기 깃털에
하얀 모래알을 담구고 있다오.

협천보

푸른 강은
메기가 놀던 강은
메말라 억새풀이 강물에서 놀고
모래섬 위에 고니가 홰를 그리는데
강변을 다듬질하는 포클레인
그 둔탁한 소리
저 강물에서 놀던 메기는 어디로 갔나

둔치 가장자리에
가을꽃이 축제를 하고
하늬바람이 물 억새꽃을
수궁으로 밀어내네

수차에서 포말이
안개비로 변하는데
물 먹은 모래
진주알을 낳고 있네.

우포늪

바람이
보슬보슬한 바람이
우포늪 사이로 풀내음을 맡으며
억새풀을 보려 창포 따라 가네

하아얀 머리카락을 물에 담구고
억새풀 사이로
달구질하는 해오라기
물 피리 불며 습지에서
물 달팽이와 입맞춤을 하네

소금쟁이는
늪가에서 매자기 등에
송올송올 알을 품고
봄바람을 타고 온 무지개 꿈을
청다리 도요는 통발을 타고 있네.

청나비

인쇄일 2015년 7월 6일
발행일 2015년 7월 10일

지은이 김대근
펴낸이 박철수
펴낸곳 도서출판 해암

등록번호 제325-2001-000007호
주소 부산시 중구 백산길 17 삼성빌딩 702호
전화 051)254-2260, 2261
팩스 051)246-1895
메일 haeambook@daum.net

ISBN 978-89-6649-074-5 03810

값 12,000원

*이 도서의 국립중앙도서관 출판예정도서목록(CIP)은 서지정보유통지원시스템 홈페이지 (http://seoji.nl.go.kr)와 국가자료공동목록시스템(http://www.nl.go.kr/kolisnet)에서 이용하실 수 있습니다. (CIP제어번호: CIP2015018022)